BEI GRIN MACHT SICH IHR
WISSEN BEZAHLT

- Wir veröffentlichen Ihre Hausarbeit,
  Bachelor- und Masterarbeit

- Ihr eigenes eBook und Buch -
  weltweit in allen wichtigen Shops

- Verdienen Sie an jedem Verkauf

Jetzt bei www.GRIN.com hochladen
und kostenlos publizieren

Bibliografische Information der Deutschen Nationalbibliothek:

Die Deutsche Bibliothek verzeichnet diese Publikation in der Deutschen National-
bibliografie; detaillierte bibliografische Daten sind im Internet über http://dnb.d-
nb.de/ abrufbar.

Impressum:

Copyright © 2018 GRIN Verlag
Druck und Bindung: Books on Demand GmbH, Norderstedt Germany
ISBN: 9783668783409

Dieses Buch bei GRIN:

https://www.grin.com/document/434938

Gerald Gerstner

Die Wohnimmobilienkreditrichtlinie und ihre Auswirkungen auf die Immobilienfinanzierung der Verbraucher

GRIN Verlag

GRIN - Your knowledge has value

Der GRIN Verlag publiziert seit 1998 wissenschaftliche Arbeiten von Studenten, Hochschullehrern und anderen Akademikern als eBook und gedrucktes Buch. Die Verlagswebsite www.grin.com ist die ideale Plattform zur Veröffentlichung von Hausarbeiten, Abschlussarbeiten, wissenschaftlichen Aufsätzen, Dissertationen und Fachbüchern.

Streitthema Wohnimmobilienkreditrichtlinie und deren Auswirkungen auf die Immobilienfinanzierung der Verbraucher

Ein Fazit zwei Jahre nach der Einführung, dazu Hintergründe und Meinungen aus den verschiedenen Lagern, die einem Fakten-Check unterzogen werden.

I.   Mit der Umsetzung der Wohnimmobilienkreditrichtlinie (WIKR) 2014/17/EU i.V.m. der Modifizierung der Verbraucherkreditrichtlinie 2008/48/EG zum 21. März 2016 in deutsches Recht, begann nach Meinung vieler Protagonisten wie z.b. Bankvorständen, Politikern, Medienvertretern, Verbraucherschützern und den Verbrauchern selber, eine Zäsur bei der Immobilienfinanzierung. Die Meinungen reichten seitdem von alles halb so schlimm bis Kreditklemme bzw. wirtschaftlicher Abschwung. Die folgenden Ausführungen sollen zur Klärung beitragen, ob die Kritik an der Richtlinie gerechtfertigt ist. Es folgt ein Focus auf die fünf wesentlichen Kernpunkte der Richtlinie.

II.   **Hintergrund** der Einführung der Richtlinie in jeweils nationales Recht der EU-Mitgliedsstaaten war der Zusammenbruch des US-Immobilienmarktes (Subprime Crisis) in den USA 2008/09, welcher in eine globalen Finanz- und Wirtschaftskrise mündete. Die Immobilienmärkte der EU-Länder Großbritannien, Irland und Spanien brachen ebenfalls zusammen. Seither mussten die Staaten und deren Kreditinstitute mittels Steuergeldern und Notenbankinterventionen gestützt werden. In Spanien etwa wurden Neubauten quasi auf „Halde" produziert und Kredite meist allein auf Grund angenommener steigender Werte der Immobiliensicherheiten vergeben und die Kapitaldienstfähigkeit der Kreditnehmer mitunter deutlich unterbewertet oder nicht geprüft. Mit Platzen der Immobilienblase gerieten dann viele Institute dieser Länder in Schieflage und bedrohten somit das Wirtschaftssystem insgesamt. Aus dieser Bedrohungslage heraus, sahen sich die politischen Kräfte Europas unter Druck, Änderungen zu beschließen.
Genauer betrachtet muss allerdings festgestellt werden, dass sich Immobilienfinanzierungen in den jeweiligen EU-Mitgliedsstaaten stark voneinander unterscheiden. So ist es gerade in Deutschland üblich, die Immobilienfinanzierung über eine längere Zinsbindung festzuschreiben. Eine solche Zinsbindung sorgt dafür, dass die

Darlehensnehmer mit festen Werten verlässlich planen können, also von Zinsschwankungen innerhalb der Finanzierungslaufzeit verschont bleiben. In Großbritannien, Irland und Spanien, wo variable Zinssätze üblich sind, werden im Falle einer Zinserhöhung die Darlehensnehmer innerhalb kürzester Zeit mehr belastet bis hin zur Überforderung. Außerdem wurden der Kapitaldienstfähigkeit und Kreditwürdigkeitsprüfung bei Verbrauchern schon in der Vergangenheit ein höheres Gewicht zugeschrieben als in anderen EU-Staaten. Die Kritik des Sparkassenverbandes Baden-Württemberg und des Genossenschaftsverbandes Bayern gehen in diese Richtung und stehen daher einer Verschärfung der Anforderungen an die Kreditvergabe skeptisch gegenüber, weil der deutsche Markt sich gerade in der Krise als robust gezeigt hat. Die Verschärfungen an die Kreditvergabe würden Deutschland somit unnötig stark treffen und seien eher für andere Staaten erforderlich.

III. Die Hauptstreitpunkte der Richtlinie

1. Rechtsunsicherheit für Banken und Sparkassen
2. Wirtschaftliche Bedenken und Bewertung von Immobilien als Sicherheiten i.R.d. Kreditwürdigkeitsprüfung
3. Diskriminierung von Alten und jungen Familien
4. Erneute Kreditwürdigkeitsprüfung bei Anschlussfinanzierungen
5. Widerrufsrecht

1. **Rechtsunsicherheit** für Banken und Sparkassen wird immer wieder als Argument der Banken und deren Interessenvertretungen genannt. Die Rechtsunsicherheit bezieht sich überwiegend auf die Durchführung der Kreditwürdigkeitsprüfung. Wie soll diese ablaufen und welche Faktoren sind bei der Prüfung zu berücksichtigen, damit Verträge auch später als „rechtssicher" angesehen werden können? Stein des Anstoßes sind §§ 505a BGB bis 505d BGB i.V.m. § 491 BGB.

a. Der neugestaltete § 505a BGB unterscheidet in Allgemein- und Immobiliar-Verbraucherdarlehensverträgen. Während bei Allgemein-Verbraucherdarlehensverträgen i.R.d. Kreditwürdigkeit <u>keine erheblichen Zweifel</u> des Darlehensnehmers an der Einhaltung seiner vertraglichen Verpflichtungen bestehen dürfen, verlangt der Gesetzgeber bei Immobiliar-Verbraucherdarlehensverträgen, dass es <u>wahrscheinlich</u> ist, dass der Darlehensnehmer seinen

Vertragsverpflichtungen nachkommen wird. Beide Begriffe sind schwammig formuliert und bedürfen in der Tat einer Konkretisierung durch den Gesetzgeber, wann die Zahlungsfähigkeit des Darlehensnehmers als wahrscheinlich anzusehen ist bzw. wann keine erheblichen Zweifel gegeben sind[1].

b. Auch § 505b BGB bleibt hinsichtlich der Faktoren, welche zur Kreditwürdigkeitsprüfung herangezogen werden vage. Hier kann lediglich eine Orientierung an die Vorschrift des § 18a Abs. 4 KWG vermutet werden, da sich die Formulierungen sehr ähneln. Der Unterschied besteht allerdings darin, dass die Vorschriften des KWG[2] lediglich öffentlich-rechtlicher Natur sind und Verstöße gegen die Kreditwürdigkeitsprüfung nur durch die Aufsichtsbehörde (BaFin) sanktioniert werden könnte (wie bisher!) aber keiner zivilen Haftung unterlag. Dies hat sich mit der Normierung der Pflicht zur Kreditwürdigkeit in das Bürgerliche Gesetzbuch geändert. Somit sehen sich die Banken nun auch mit der zivilen Haftung des BGB konfrontiert.

Darüber hinaus wird kritisiert, dass die Kreditwürdigkeitsprüfung nicht hauptsächlich darauf gestützt werden darf, dass der Wert des Grundstücks, Gebäudes etc. voraussichtlich zunimmt oder den Darlehensbetrag übersteigt gemäß § 505b Abs. 2 BGB i.V.m. § 491 Abs.1 BGB. Die Fähigkeit des Darlehensnehmers zur Rückzahlung des Darlehens soll somit im Vordergrund stehen und nicht der Wert der Immobiliensicherheiten. Die EU-Richtlinie sah in Art. 18 Abs. 3 allerdings eine Ausnahme vor, die für den Ausbau und die Renovierung von Bestandsimmobilien eine Ausnahme zuließ. In Österreich wurde von dieser Ausnahme Gebrauch gemacht, in Deutschland nicht, denn jeder Staat darf eine über die Grundsatzformulierung hinaus weitergehende Maßnahme beschließen. Seit 14.12.2016 arbeitet das Bundesjustizministerium an einer entsprechenden Änderung. Basierend auf einer Gesetzesvorlage für den Bundesrat aus Bayern, Hessen und Baden-Württemberg, soll die WIKR[3] nun überarbeitet werden[4]. In wie weit der Wert einer Immobilie i.R.d. Kreditwürdigkeitsprüfung künftig berücksichtigt werden darf, bleibt abzuwarten.

---

[1] Stellungnahme des Bankenfachverbandes zum Referentenentwurf des Justizministeriums zur Wohnimmobilienkreditrichtlinie vom 13.02.2015.
[2] Kreditwesengesetz
[3] Wohnimmobilienkreditrichtlinie
[4] Quelle: Kreditvergleich.net

c. Welche Folgen die Verletzung der Pflicht zur Kreditwürdigkeitsprüfung hat, zeigt sich im § 505d BGB. Problematisch wird aber sein, dass die Beweislast bei dem Darlehensnehmer liegt. Eine <u>Beweislastumkehr</u> wurde den Kreditnehmern nicht zugestanden. Solange Inhalt und Umfang der Kreditwürdigkeitsprüfung nicht hinreichend geklärt sind bzw. die Rechtsprechung bindende Urteile noch nicht erlassen hat, auf die man sich berufen kann, wird es schwer werden den Beweis zu führen. Bei fehlerhafter Kreditwürdigkeitsprüfung kann jedoch der Darlehensnehmer jederzeit vom Vertrag zurücktreten, eine Vorfälligkeitsentschädigung entfällt in diesen Fällen oder der Darlehensnehmer kann den Vertrag zu niedrigeren Zinsen fortführen zu Lasten der Kreditinstitute, um nur einige Beispiele zu nennen.

2. **Wirtschaftliche Bedenken** werden außerdem als weiteres Argument ins Feld geführt. Auf Grund dieser Unsicherheiten seien Kreditinstitute nun gezwungen, vermehrt Darlehensanträge abzulehnen. Die Baubranche gehört traditionell zu den wichtigsten Stützen der deutschen Wirtschaft und befürchtet deshalb negative Auswirkungen auf die Auftragslage. Auch Zulieferbranchen wie z.B. die Stahl und Baustoffindustrie aber auch nachgelagerte Gewerke im Handwerkssektor müssten mit Auftragsrückgängen rechnen.

3. Darüber hinaus würde die vermehrte Ablehnung an Anträgen zudem **junge Familien und alte Menschen diskriminieren** wird behauptet[5]. In der Tat kann eine Finanzierung bis in den Ruhestand hineinführen. Im Ruhestand verbleibt weniger Geld zur Rückzahlung des Darlehens wird argumentiert, so dass die Kapitaldienstfähigkeit geringer ist. Außerdem ist die statistische Lebenserwartung ein Argument, den Antrag abzulehnen, weil nicht mehr genügend Zeit verbleibt den Betrag zurück zu zahlen. Eine Ablehnung droht. Viele ältere Menschen wollen aber die eigene Immobilie fortführen, brauchen zum altersgerechten Ausbau oder zur Renovierung Geld. Der Wert der Immobilie könnte durch ein Gesetzes-Update verstärkt in der Kreditwürdigkeitsprüfung Berücksichtigung finden, also wie in Österreich. Ähnlich lässt sich bei jungen Familien argumentieren. In jungen Jahren steht häufig weniger Eigenkapital zur Verfügung und es herrscht bei Paaren oft der Kinderwunsch. Kinder kosten aber zusätzlich Geld, welches dann nicht mehr zum Kapitaldienst herangezogen werden kann. Nach wie vor hohe Trennungs- und Scheidungsraten lassen aus Sicht der Kreditinstitute dann massive finanzielle Mehrbelastungen erahnen und im Zweifel den Antrag

---

[5] so auch Hauptverband der Deutschen Bauindustrie

ablehnen. Auch hier könnte über die Berücksichtigung des Immobilienwertes in der Kreditwürdigkeitsprüfung der Eigentumserwerb zu Gunsten junger Familien erleichtert werden. Anmerken sollte man hier auch die geplanten Familienzuschüsse für das Eigenheim des Bundesumwelt- und Bauministeriums an Familien bis zu 20.000 €. Ohne entsprechende gesetzliche Änderungen an diesem Punkt macht dieses Vorgehen keinen Sinn.

4. Eine **erneute Prüfung der Kreditwürdigkeit bei Anschlussfinanzierungen** wird ebenfalls kritisch gesehen, weil die Gefahr besteht, dass bei Ablehnung des Antrags durch das Kreditinstitut der Kreditnehmer die Fortführung der Finanzierung nicht mehr stemmen kann. Die Restschuld muss entweder bezahlt oder die Sicherheiten verwertet werden. Die Konsequenzen können der Verlust des Eigenheims und damit ein Großteil der Altersvorsorge sein. Andererseits ist zu berücksichtigen, dass sich innerhalb einer festgeschriebenen Zinsbindung (i.d.R. 10 Jahre + X) die wirtschaftlichen Verhältnisse des Kreditnehmers einerseits und die Lage am Kapitalmarkt andererseits geändert haben könnten und eine Anpassung bzw. Überprüfung der Verträge notwendig machen. Stichwort Zinserhöhungen am Kapitalmarkt, welche zu einer quantitativen Mehrbelastung führen können oder Arbeitsplatzwechsel und Änderungen in der Einkommenshöhe, Änderungen im Familienstand usw. Auch hier sollte für beide Seiten ein Kompromiss gefunden werden, mit dem alle Parteien leben können, etwa in dem eine Bestandsimmobilie in der Kreditwürdigkeitsprüfung bei Anschlussfinanzierungen stärker berücksichtigt wird. Die Argumentation des Bundesverbandes Verbraucherzentralen in Deutschland (VzbV), wer bereits als Darlehensnehmer im Erstvertrag seine Kreditwürdigkeit unter Beweis gestellt hat, darf als starkes Indiz auch für die Leistungsfähigkeit im Anschlussvertrag gelten[6], ist meines Erachtens aus Verbrauchersicht nachvollziehbar aber zu pauschal und kein Merkmal für eine solide Risikofolgeneinschätzung. Die Frage der Leistungsfähigkeit des Darlehensnehmers hängt vielmehr von den Umständen der Kapitalmärkte ab z.B. von Zinserhöhungen, welche das Zinsänderungsrisiko widerspiegeln und zu einer quantitativen Mehrbelastung führen können.

---

[6] Stellungnahme Verbraucherzentrale Bundesverband e.V. (VzbV) zur Bundesratsinitiative zur Korrektur der WIKR am 03.11.2016 (BR Drs.578/16); Seiten 4 und 5 der Stellungnahme

5. Zum Schluss soll kurz auf das **Widerrufsrecht** eingegangen werden. Kritik kommt insbesondere von der Anwaltschaft, die auch im neuen Gesetz einen ewigen Widerrufsjoker gerne gesehen hätte[7].

   a. Für alle Darlehensverträge, die <u>ab</u> 21. März 2016 abgeschlossen wurden existiert ab sofort <u>kein</u> ewiges Widerrufsrecht mehr. Liegen in der Widerrufsbelehrung künftig formale bzw. inhaltliche Mängel vor, muss der Darlehensnehmer den Widerruf innerhalb von 12 Monaten und 14 Tagen nach Vertragsschluss erklären gemäß § 356b Abs.2 S.2 BGB.

   b. Für alle Darlehensverträge, die <u>bis</u> Ende 2010 abgeschlossen wurden, hatte der Gesetzgeber den Darlehensnehmern eine Frist bis zum 21. Juni 2016 gegeben, den Widerruf zu erklären. Danach trat Verjährung ein.

   c. Offen sind nur noch die Verträge, <u>die zwischen 2011 und dem 21. März 2016</u> abgeschlossen wurden. Hier können vereinzelt Fehler in den Belehrungen vorgekommen sein, die nach altem Recht sanktioniert werden können. Allerdings sind die Fehler in der Anzahl deutlich geringer als in den Verträgen von 2002 – 2010. Zu diesem Sachverhalt sei ausführlich auf meinen **Praxisratgeber „... und täglich grüßt der Widerruf". Wie Sie Immobilienkredite ablösen und Vorfälligkeitsentschädigungen sparen**, verwiesen.

IV.   Zum 21.12.2016 wurden durch das Bundesjustizministerium einige Änderungen an der Gesetzeslage vorgenommen. Die schon mehrfach beschriebene Berücksichtigung des Immobilienwertes zum Zwecke des Ausbaus und der Renovierung von Bestandsimmobilien i.S.d. §§ 491 Abs.1, 505b Abs.2 BGB nach dem Vorbild Österreichs soll künftig gelten. Zudem werden Immobilienverzehrkredite (Umkehrhypotheken) von den Restriktionen ausgenommen und § 491 Abs.2 BGB dahingehend geändert. Gleichwohl wurden die Rechtsunsicherheiten aus Sicht der Kreditinstitute und der Anwaltschaft nicht vollends beseitigt. Das Justizministerium behält sich vor mittels Erlass einer Rechtsverordnung künftig einen Katalog mit Faktoren zur Kreditwürdigkeitsprüfung diese Unsicherheiten auszuräumen. Wann dies geschieht, bleibt offen.

---

[7] Deutscher Anwalt Verein (DAV)

V. Auswirkungen auf die Kreditvergabe aus Sicht der Banken und Sparkassen und deren Überprüfung anhand quantitativer Belege.

1. Laut Chef des Sparkassenverbandes Baden – Württemberg, Peter Schneider, sei die Kreditvergabe an Häuslebauer im 2. Quartal 2016 um 20 % eingebrochen. Bundesweit wurden bei Sparkassen im 1. Halbjahr 2016 sogar 8,9 % weniger Immobilienkredite genehmigt[8].

2. Auch der Genossenschaftsverband Bayern warnte vor desaströsen Folgen der Kreditrichtlinie. Diese führe unweigerlich zur eingeschränkten Verfügbarkeit von Krediten. Der Gesetzgeber zwinge die Banken zu einer restriktiveren Kreditvergabe[9]. Daran schließt sich die Blitzumfrage des Rheinisch – Westfälischen Genossenschaftsverbandes an, die ergab, dass es bei vier von fünf Banken zu einem Rückgang der Kreditzusagen kam[10]. Ähnlich äußerte sich auch die DZ-Bank in einer Stellungnahme vom Juni 2016[11].

3. Diesen Verlautbarungen soll nun eine Grafik und statistische Erhebungen der Bundesbank und „Statista" gegenübergestellt werden. Alle Kreditinstitute sind nach den regulatorischen Vorschriften verpflichtet, ihre Zahlen der Deutschen Bundesbank zu übermitteln. Die Bundesbank wiederrum macht diese Erhebungen öffentlich[12]. Die offiziellen Zahlen der Bundesbank offenbaren, dass es den Kreditinstituten durch die Umsetzung der WIKR zumindest bis einschließlich Q2-2016 nicht schlechter ging[13]. Die Branche profitierte bereichsübergreifend von einer starken Kreditnachfrage, die die Banken und Sparkassen auch befriedigten. Ein dramatischer Rückgang der Kreditvergabe i.S.e. Kreditklemme wie einige Genossenschafts- und Sparkassenverbände beklagen, kann basierend auf das vorliegende Zahlenmaterial, nicht bestätigt werden. Vergleicht man Q2-2016 mit Q2-2015, so ergeben sich für alle Kreditinstitute sogar Zuwächse!

4. a. Genossenschaftsbanken + 4,72 %
   b. Kreditbanken + 6,10 %
   c. Sparkassen (ohne Landesbanken) plus 2,35 %

---

[8] DSGV Blog; Wohnimmobilienkreditrichtlinie: Sparkassen sehen Handlungsbedarf!
[9] Finanzmarktwelt.de vom 27.Juli 2016
[10] DSGV Blog; Sparkassen sehen Handlungsbedarf
[11] DZ-Bank; Würgt die WIKR das Immobilienkreditgeschäft deutscher Banken ab?
[12] Quelle; Deutsche Bundesbank
[13] Kreditvergleich.net

Zugegeben, die Volumina der vergebenen Immobilienkredite zeichnen bislang keine negative Tendenz am Markt. Trotzdem muss die Entwicklung weiter genau beobachtet werden. Es ist auch denkbar, dass weniger Verträge in Q2-2016 mit dafür höheren Summen abgeschlossen wurden.

Jedenfalls zeigen die Neugeschäftsvolumina deutscher Banken und Sparkassen bzgl. vergebener Wohnungsbaukredite an private Haushalte auch für die folgenden Quartale Q3 2016 bis Q4 2017 weiterhin eine freundliche Tendenz mit den üblichen Schwankungen. Starke Rückgänge bzw. Einbrüche sind bislang nicht zu erkennen.

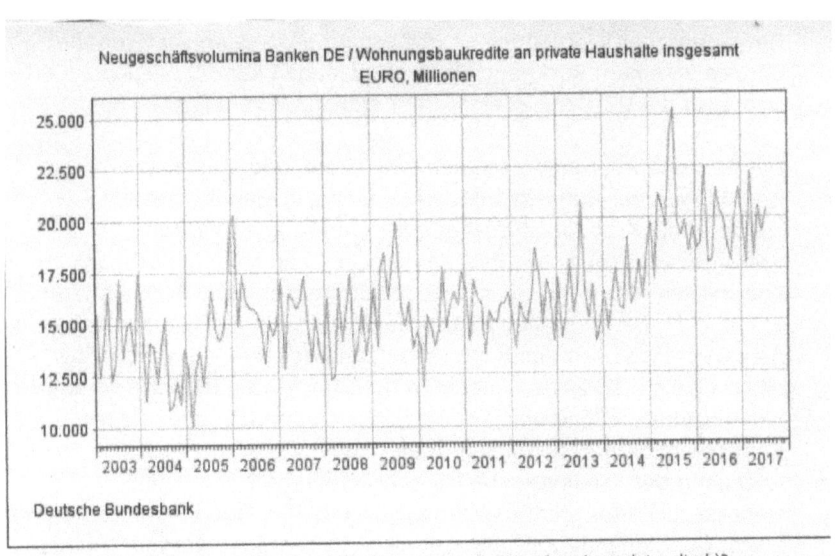

Neugeschäftsvolumina Banken DE / Wohnungsbaukredite an private Haushalte insgesamt EURO, Millionen

Deutsche Bundesbank

Wählen Sie die richtigen Download-Optionen (z.B.: die Sprache: deutsch/englisch)?

Wohnungsbaukredite der Banken in Deutschland an private Haushalte von 1991 bis : (in Milliarden Euro)

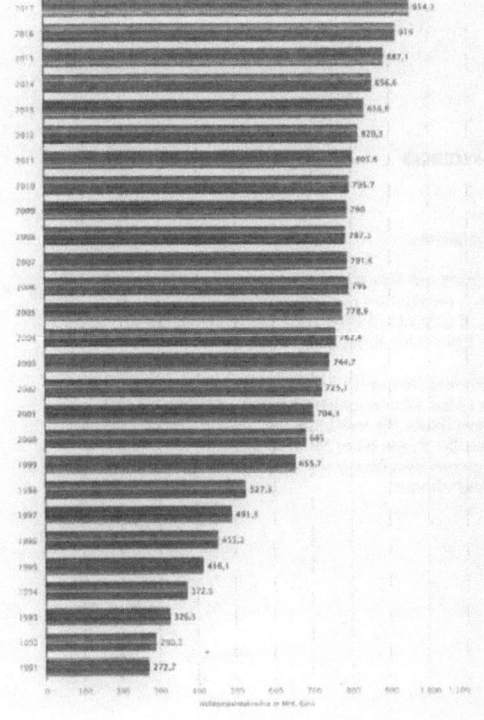

DOWNLOAD   EINSTELLUNGEN   TEILEN

PNG ·   PDF ·   XLS ·

BESCHREIBUNG   QUELLE   WEITERE INFOS

Diese Statistik zeigt das Volumen der von den B
Deutschland an private Haushalte* vergebenen
Wohnungsbaukredite im Zeitraum von 1991 bis
Abgebildet wird jeweils der Stand zum Jahreser
Ende des Jahres 2017 belief sich die Summe de
Wohnungsbau an Privathaushalte vergebenen I
auf rund 954,3 Milliarden Euro.

**DEUTSCHE
BUNDESBANK**
EUROSYSTEM

Zeitreihe BBK01.SUD231: Neugeschäftsv olumina Banken DE / Wohnungsbaukred ite an private Haushalte insgesamt

Pfad: Zinssätze und Renditen   Einlagen- und Kreditzinssätze   MFI-Zinsstatistik (Deutscher
Beitrag)   Neues Hochrechnungsverfahren   Neugeschäft   Kredite   Kredite an private
Haushalte   Wohnungsbaukredite   Insgesamt

| Werte | Grafik | Eigenschaften | Tabellen |

⬇ CSV herunterladen   ⬇ SDMX-ML herunterladen   ⭐ Merken

Zeit	Wert	Wertestatus
2017-07	20.405	Vorläufiger Wert
2017-06	19.294	
2017-05	20.484	
2017-04	18.087	
2017-03	22.196	
2017-02	17.838	
2017-01	19.804	
2016-12	21.400	
2016-11	20.223	
2016-10	17.913	
2016-09		

Zeit	Wert	Wertest
2016-08	19.903	
2016-07	20.287	
2016-06	21.409	
2016-05	17.968	
2016-04	17.859	
2016-03	22.396	
2016-02	18.778	
2016-01	18.507	
2015-12	19.521	
2015-11	18.426	
2015-10	19.874	
2015-09	19.161	
2015-08	19.745	
2015-07	25.310	
2015-06	24.015	
2015-05	19.549	
2015-04	20.486	
2015-03	21.134	
2015-02	17.048	
2015-01	19.769	

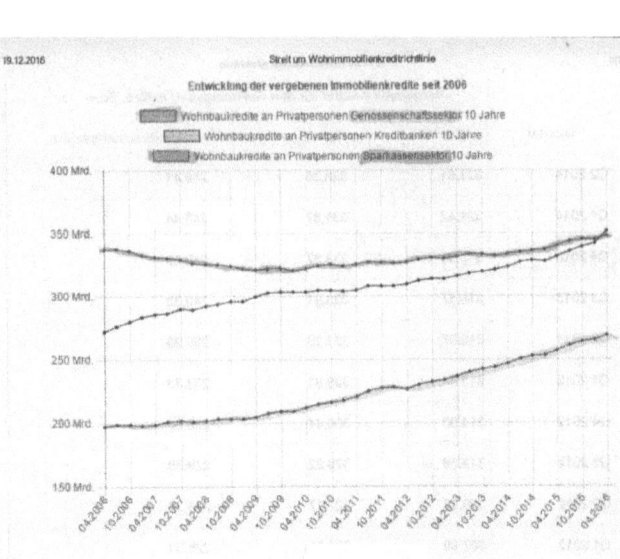

Entwicklung der vergebenen Immobilienkredite seit 2006

Wohnbaukredite an Privatpersonen Genossenschaftssektor 10 Jahre
Wohnbaukredite an Privatpersonen Kreditbanken 10 Jahre
Wohnbaukredite an Privatpersonen Sparkassensektor 10 Jahre

Quellen:
Deutsche Bundesbank

Vergebene Kredite für den Wohnungsbau in Mrd. Euro

Quartal	Kreditbanken	Sparkassensektor	Genossenschaftssektor
Q2 2016	351,73	347,89	268,73
Q1 2016	342,27	345,21	265,41
Q4 2015	339,29	345,24	264,12
Q3 2015	335,80	343,69	261,09
Q2 2015	331,49	339,90	256,61
Q1 2015	327,80	337,08	253,38
Q4 2014	328,27	336,25	252,05
Q3 2014	327,06	335,00	249,97

	Vergebene Kredite für den Wohnungsbau in Mrd. Euro		
Quartal	Kreditbanken	Sparkassensektor	Genossenschaftssektor
Q2 2014	323,61	333,35	246,41
Q1 2014	321,42	331,87	243,44
Q4 2013	319,93	333,37	242,52
Q3 2013	318,37	333,21	240,33
Q2 2013	315,97	331,26	236,29
Q1 2013	313,84	329,81	233,33
Q4 2012	314,00	330,44	232,36
Q3 2012	312,36	329,22	229,68
Q2 2012	309,64	327,17	226,36
Q1 2012	307,99	325,91	228,03
Q4 2011	308,39	327,05	226,82
Q3 2011	308,30	326,86	224,59
Q2 2011	304,44	325,35	220,62
Q1 2011	303,56	324,16	217,69
Q4 2010	304,52	325,28	216,39
Q3 2010	304,14	323,96	214,44
Q2 2010	302,79	322,04	211,68
Q1 2010	302,77	320,65	209,14
Q4 2009	303,23	322,35	208,99
Q3 2009	302,39	321,99	207,36
Q2 2009	299,17	321,43	204,75

Welche Auswirkungen die künftige Rechtsprechung zum Thema Kreditwürdigkeitsprüfung und Kreditvergabe haben wird, lässt sich nicht vorhersagen. Seit Juli 2008 hat sich die höchstrichterliche Rechtsprechung in bankrechtlichen Themen überwiegend zu Gunsten der Verbraucher geändert. Bleibt die Tendenz bestehen, so könnte i.V.m. einer harten Auslegung der Kreditwürdigkeitsfaktoren künftig eine restriktivere Kreditvergabepraxis drohen.

Fazit: Objektiv betrachtet, lässt sich ein starker Rückgang der Volumina an Wohnungsbaukrediten bislang nicht bestätigen bzw. nicht allein auf die Einführung der WIKR zurückführen. Sicherlich muss es dem Gesetzgeber wichtig sein, die unbestimmten Rechtsbegriffe „rechtssicher" zu formulieren, um allen Parteien die Unsicherheit zu nehmen. Bis das konkret passiert und auch die ersten Urteile zur Kreditwürdigkeitsprüfung vorliegen, wird noch Zeit vergehen. Positiv zu beurteilen ist jedenfalls, dass der Gesetzgeber seine Haltung zu Art. 18 Abs. 3 der WIKR zu Gunsten der Verbraucher geändert hat s.o. Richtig ist auch der Zweck der WIKR, nämlich primär Kredite nach der finanziellen Leistungsfähigkeit der Kreditnehmer zu vergeben und nicht ausschließlich nach den erwarteten Wertzuwächsen der finanzierten Immobilien auszurichten. Allerdings ist es auch finanz-und kreditwirtschaftlicher Unsinn, Kreditsicherheiten nicht in ausreichendem Maße berücksichtigen zu dürfen. Sicherheiten dienen gerade als Risikopuffer! Auch hier bleibt der Gesetzgeber Antworten schuldig, in wie weit Immobilienwerte berücksichtigt werden sollen. Auf die weitere Entwicklung darf man gespannt sein.

Abbildungsverzeichnis mit Quellenangeben

Abbildung 1
„Neugeschäftsvolumina Banken DE / Wohnungsbaukredite an private Haushalte insgesamt von 2003 bis 2017". Web.URL
<http://www.bundesbank.de/navigation/DE/Statistik/Zeitreihen/Geld-und Kapitalmärkte/details/chart
(Quelle: Deutsche Bundesbank 05.07.2018)

Abbildung 2
„Wohnungsbaukredite der Banken in Deutschland an private Haushalte von 1991 bis 2017 (in Milliarden Euro)". Web. URL <http:// www.statista.com/statistik/daten/Studie/6809/umfrage/wohnungsbaukred ite-an-privatpersonen-deutschland/
(Quelle: Statista.de 02.07.2018)

Abbildungen 3 und 4
„Zeitreihe BBK 01. SUD 231: Neugeschäftsvolumina Banken DE / Wohnungsbaukredite an private Haushalte insgesamt" Web.URL entspricht Angaben Abbildung 1
(Quelle: Deutsche Bundesbank 05.07.2018)

Abbildungen 5 und 6
„Entwicklung der vergebenen Immobilienkredite seit April 2006 bis April 2016 im Genossenschafts-, Sparkassen- und Kreditbankensektor".
Web.URL
<http://www.kreditvergleich.net/statistiken/wohnungsbaukredite
(Quelle: Kreditvergleich.net 19.12.2016)

Zur Person:

Gerald Gerstner ist Wirtschaftsjurist & Certified Rating Advisor (BdRA). In den Kerngebieten Bankrecht, Kredit- und Wertpapierwesen hat er sich auf Risikoanalysen von Kapitalanlagen und Kreditengagements sowie Betreuung und Coaching von Klienten zu Finanzierungsfragen spezialisiert. Fernsehauftritte bei SWR-Marktcheck und ARD Plus-Minus sowie die Publikation des Praxisleitfadens „und täglich grüßt der Widerruf Wie sie Immobilienkredite ablösen und Vorfälligkeitsentschädigungen sparen", folgten.